SUPER CAVALIÈRE !

SUPER CAVALIÈRE !

SOPHIE THALMANN

MON JOURNAL D'ÉQUITATION

hachette
JEUNESSE

Ce livre est pensé comme un journal intime dans lequel tu peux inscrire tout ce qui se rapporte au cheval et à l'équitation. Quand je montais en centre équestre, j'avais un cahier dans lequel j'inscrivais mes apprentissages, mes progrès, mes points forts, mes points faibles… j'y collais même du crin de mes chevaux !

Toi aussi, tu peux noter une multitude d'informations sur tes chevaux préférés, ton club, tes moniteurs, tes copains cavaliers, tes sensations, mais aussi coller des photos et des stickers, ajouter des notes personnelles… C'est un outil indispensable pour toute cavalière qui se respecte.
Amuse-toi bien ! Cela te fera de merveilleux souvenirs.

Sophie Thalmann

Ce carnet appartient à…

Nom : ....

Prénom : ....

Adresse : ....

Tél : .... Portable : ....

E-mail : ....

LA PREMIÈRE FOIS QUE J'AI MONTÉ À CHEVAL

C'était où ? ....

J'avais quel âge ? ....

Nom de ma monture : ....

Qui m'a aidée à monter sur son dos ? ....

De quelle couleur était-elle ? ....

Est-ce que j'ai eu peur ?

....

....

Est-ce que j'ai aimé ça tout de suite ?

....

....

....

....

MA PREMIÈRE INSCRIPTION DANS UN CLUB

MON CLUB

Colle ta photo ici

Nom du club : ....

Où se trouve-t-il ? ....

À quelle date me suis-je inscrite ? ....

Qui m'a fait visiter le club ? ....

MA PREMIÈRE SORTIE EN PROMENADE

Était-ce sur un poney ou un cheval ?

....

Son nom : ....

Colle ta photo ici

Où avons-nous chevauché ?

- ❍ En forêt
- ❍ Sur une plage
- ❍ Dans la campagne
- ❍ En montagne

Autre : ....

Le cheval a-t-il trotté ?

....

A-t-il galopé ?

....

Était-il doux ou agité ?

....

Est-ce que je suis tombée ?

....

Durée de la promenade :

....

LA PREMIÈRE FOIS QUE J'AI PANSÉ UN CHEVAL

Ai-je utilisé un cure-pied ? ....

Une étrille ? ....

Une éponge ? ....

Un bouchon en chiendent ? ....

Une brosse douce ? ....

Une époussette ? ....

Ai-je raclé la transpiration
avec un couteau de chaleur ? ....

Ai-je douché ses jambes ? ....

Est-ce que j'ai été intimidée par le cheval ?

....

....

Ce moment m'a-t-il plu ?

....

....

LA PREMIÈRE FOIS QUE J'AI BRIDÉ UN CHEVAL

Le cheval s'est-il laissé faire sans bouger ?

....

S'est-il agité ?

....

....

Ai-je réussi à lui faire ouvrir la bouche facilement ?

....

....

A-t-il soufflé ? ....

....

Est-ce que je lui ai parlé en le bridant ?

....

Après l'avoir bridé, ai-je pensé à le récompenser d'une caresse ?

....

Le blog de Sophie

Pour brider un cheval, place ton pouce au coin de ses lèvres, ça ne lui fait pas mal. Puis glisse la barre du mors bien à plat.

LA PREMIÈRE FOIS QUE J'AI FAIT DU DRESSAGE

La reprise a-t-elle eu lieu dans le manège ou dans la carrière ?

Mon cheval était-il docile ?

Le blog de Sophie

Ne pas confondre le dressage du poulain, encore appelé débourrage, et le dressage qui se pratique en équitation.

Quels exercices ai-je appris ?

Colle une photo ici

Le trot assis ?

Le trot enlevé ?

La départ au galop ?

MON PREMIER SAUT D'OBSTACLE

Les obstacles étaient-ils des cavaletti ?

Combien y en avait-il ?

Est-ce que j'ai eu peur ?

Suis-je tombée ?

Le blog de Sophie

N'aie pas peur !
Les chevaux adorent sauter. Accompagne en souplesse le mouvement de ta monture.

LA PREMIÈRE FOIS QUE J'AI FAIT DU CROSS

Nom du cheval : ....

Combien d'obstacles comportait le parcours ? ....

Quels étaient les obstacles ?

- ❍ Des buttes
- ❍ Des troncs
- ❍ Des gués
- ❍ Des passages de route

Quel temps faisait-il ?

....

Quel était l'état du terrain ?

....

Le parcours m'a-t-il semblé facile ou difficile ?

....

....

....

....

LA PREMIÈRE FOIS QUE J'AI FAIT DE LA VOLTIGE

Nom du poney ou du cheval : ....

Exercices réalisés :

- ❍ l'entrée
- ❍ la position de base
- ❍ l'étendard
- ❍ le moulin
- ❍ les ciseaux
- ❍ l'amazone
- ❍ le debout

Mon exercice préféré :

....

....

....

MA PREMIÈRE CHUTE

Nom du poney ou du cheval : ....

À quelle allure allait ma monture ?

....

Lieu où j'ai chuté :

....

....

Est-ce que je me suis fait mal ?

....

Est-ce que je me suis blessée ?

....

Est-ce que j'ai eu peur et pourquoi ?

....

....

Le cheval m'a-t-il attendue ? ....

Le cheval a-t-il continué
à galoper sans moi ? ....

UN SOUVENIR OÙ J'AI EU TRÈS PEUR

Nom du poney ou du cheval :

Lieu :

Quelle était son allure ? (pas, trot, galop)

Que s'est-il passé ?

LA PREMIÈRE FOIS QUE J'AI GAGNÉ

Nom du poney ou du cheval :

Nom de l'épreuve :

Lieu :

J'ai eu le trac ?

Qu'est-ce que j'ai gagné ?

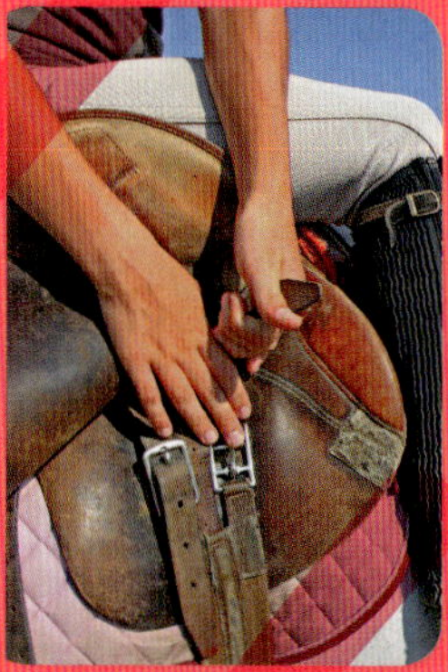

EN SELLE !

EN SELLE !

MES ACTIVITÉS PRÉFÉRÉES

J'aime	un peu	beaucoup	pas du tout
Les cours en centre équestre			
Les promenades en forêt			
Les randos en bord de mer			
Les stages			
Panser le cheval			
Brider le cheval			
Seller le cheval			
Autre			
Autre			

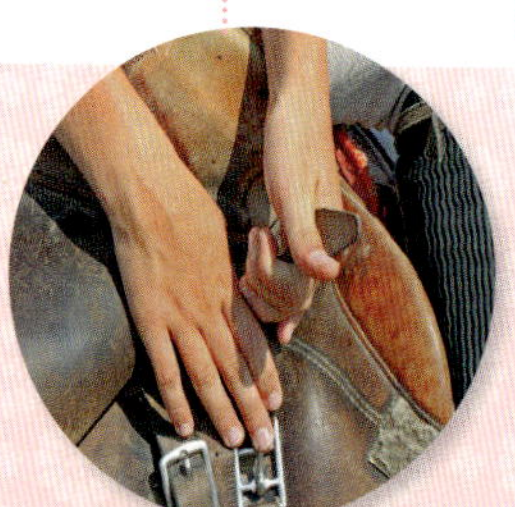

MES POINTS FORTS

J'ai un bon contact avec mon cheval ?

Les allures

Je maîtrise le trot ?

Je maîtrise le galop ?

Je tiens bien la cadence

Au pas ?

Au trot ?

Au galop ?

Je maîtrise les aides ?

J'ai une bonne assiette ?

La position

Je me tiens bien droite ?

Je garde les talons bas dans les étriers ?

Je suis décontractée ?

MES POINTS FAIBLES

Je ne suis pas à l'aise à côté de mon cheval ?

En selle, je suis contractée ?

Je contrôle mal l'allure de ma monture ?

J'ai des difficultés avec les effets de rênes ?

Je serre trop les rênes ?

J'ai les rênes trop lâches ?

Autre :

MA RACE PRÉFÉRÉE

Ce qui me plaît dans cette race :

- ❍ la robe
- ❍ la taille
- ❍ la silhouette
- ❍ les crins
- ❍ le caractère
- ❍ les qualités
- ❍ la provenance
- ❍ l'histoire

Colle ici une photo de ta race préférée

Nom de ma race préférée : ....

Mon choix est-il lié à un cheval célèbre ? ....

Lequel ? ....

Mon choix correspond-il au cheval que je monte régulièrement ? ....

Comment s'appelle-t-il ? ....

MES EXERCICES PRÉFÉRÉS AU COURS D'UNE REPRISE

	J'aime	Je n'aime pas
L'échauffement		
Le trot assis		
Le trot enlevé		
Le trot sans étriers		
Le galop		
Les figures de manège		
Le saut		
Travailler dans le manège		
Travailler en plein air		
Autre		

MON ÉQUIPEMENT PRÉFÉRÉ

Colle ici
une photo
de toi
en tenue
d'équitation

Comment sont mes bottes ?

couleur : .... matière : ....

Je porte des chaps ou des mini-chaps ?

....

Comment est ma cravache ?

....

Ai-je un objet porte-chance ?

....

....

Je porte une bombe ou un casque ?

....

Je porte des gants ? ....

Mon pantalon préféré :

....

Mon vêtement préféré pour monter à cheval :

....

....

Le blog de Sophie

Ne monte jamais sans ta **bombe** !

LE DRESSAGE

Est-ce que j'aime les séances de dressage ?

Travailler les cessions à la jambe me semble difficile ?

Mon cheval déplace trop les hanches à l'extérieur ou à l'intérieur ?

J'aime récompenser le cheval après le travail ?

Quelle récompense ai-je souvent dans ma poche ?

Je le laisse brouter au pré ?

Je le réconforte à la voix ?

L'OBSTACLE

J'ai déjà franchi :

❍ des cavaletti

❍ des obstacles verticaux

❍ des obstacles verticaux en double rangée

❍ des obstacles de volée oblique

Je peux enchaîner combien d'obstacles à la suite ?

Mes impressions au moment du saut :

Le blog de Sophie

Pour franchir un obstacle

- Partir au galop
- Regarder loin devant
- Placer les talons en position basse
- Accompagner le mouvement de l'encolure

LE CROSS

Où se fait l'entraînement au cross ?

Comment est le terrain ?

Quel genre de difficultés y a-t-il ?

- ❍ des buttes
- ❍ des gués
- ❍ des haies
- ❍ des troncs
- ❍ des fossés
- ❍ des murs
- ❍ des ponts
- ❍ des barrières
- ❍ des passages de route

Combien d'obstacles ?

Quelle est la longueur du parcours ?

Combien de temps durent les trottines ?

Est-ce qu'il m'arrive de tomber ?

Ma monture a-t-elle déjà chutée ?

LA VOLTIGE

Je la pratique en groupe ?

Nous nous mettons en cercle ?

Je fais de la voltige
avec un surfait ?

Mes exercices
préférés :

Colle ici
une photo de toi
pendant un exercice
de voltige

Quel est mon cheval préféré
pour la voltige ?

LES PROMENADES

Je fais des promenades :

❍ avec mon club

❍ avec ma famille

❍ pendant les vacances

Colle ici
une photo de toi
en promenade

Quelle est ma sortie préférée ?

Sur quel terrain ?
(chemin, route, sous-bois,
sable)

Avec quel cheval ?

Récit d'une promenade que j'ai adorée :

LES PONY GAMES

J'adore le Pony Games parce que...

Mes jeux préférés sont : (slalom, facteur, corde, drapeaux...)

Mes poneys préférés pour participer sont :

Mes quatre coéquipiers préférés sont :

-
-
-
-

MON DERNIER PONY GAMES

Colle ici une photo
de ton dernier
Pony Games

Date : ....

Lieu : ....

Liste des jeux :

....

....

....

....

....

Classement final :

1 ....

2 ....

3 ....

4 ....

5 ....

MA DISCIPLINE PRÉFÉRÉE

J'adore pratiquer

J'en fais depuis

Mes compétences
dans cette discipline sont :

Ma monture préférée pour cette discipline :

Je dois encore
me perfectionner pour

Pourquoi ?

AU CLUB !

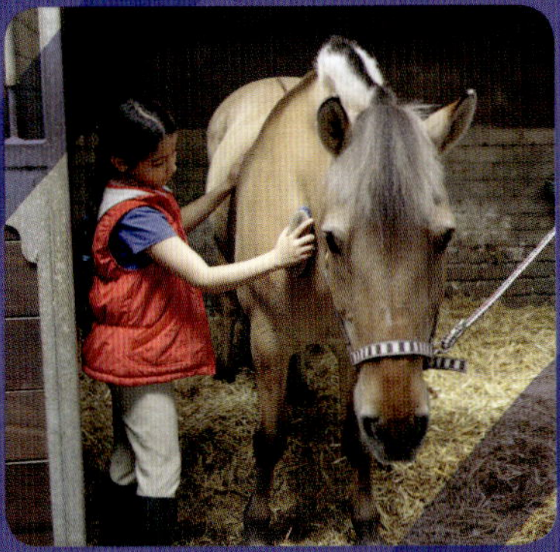

MON CENTRE ÉQUESTRE

Colle ici une photo
de ton centre
équestre

❍ Nom de mon instructeur :

....

....

❍ Adresse :

....

....

L'endroit que je préfère
(club-house, écurie, sellerie...) :

....

....

MES MONITEURS ET MONITRICES

❍ Le plus gentil :

....

❍ Le plus sévère :

....

❍ Le plus beau :

....

Photo

Nom : ....

Photo

Nom : ....

Photo

Nom : ....

LE PERSONNEL DU CLUB

❍ Le palefrenier

Nom : ....

❍ Les soigneurs

Noms : ....

❍ Le maréchal-ferrant

Nom : ....

Celui ou celle avec qui j'aime parler :

....

MES COPAINS ET COPINES CAVALIERS

Photo

Prénom : ....

Adresse : ....

....

Téléphone : ....

Cheval favori : ....

Photo

Prénom : ....

Adresse : ....

....

Téléphone : ....

Cheval favori : ....

Photo

Prénom :

Adresse :

Téléphone :

Cheval favori :

Photo

Prénom :

Adresse :

Téléphone :

Cheval favori :

LA FÊTE DU CLUB

Date : ....

Thème de la fête : ....

Jeux proposés : ....

....

Spectacles : ....

....

Animations : ....

....

J'ai adoré...

....

....

....

Mes impressions sur l'ambiance :

....

....

....

....

LES CAVALIERS

❍ Nom : ....

A participé à : ....

❍ Nom : ....

A participé à : ....

❍ Nom : ....

A participé à : ....

❍ Nom : ....

A participé à : ....

LES CHEVAUX

Noms des chevaux présents à la fête :

Moi, j'ai monté ...

Colle ici
une photo
de ton cheval

LES PONEYS DU CLUB

Colle ici
la photo
d'un poney

Le plus beau poney du centre :

Le plus coquin :

Le plus sympa :

Mon poney préféré :

LES PONEYS DU CLUB

Colle ici
la photo
d'un poney

Le plus doué : ....

Le plus rapide : ....

Le plus têtu : ....

Le plus gros : ....

LES CHEVAUX DU CLUB

Mon cheval préféré :

Ce que j'aime chez lui :

Sa robe :

Sa friandise préférée :

Le plus beau cheval du centre :

Le plus coquin :

Le plus sympa :

LES CHEVAUX DU CLUB

Le plus gourmand :

....

Le plus petit :

....

Le plus doué :

....

Le plus rapide :

....

Le plus têtu :

....

Le plus gros :

....

LES ROBES

Ma robe préférée : ....

Noir

Alezan

Blanc

Café au lait

Isabelle

Souris

Bai

Aubère

Gris

Louvet

Pie

Rouan

LA MASCOTTE DU CLUB

Son trait de caractère :

Son nom :

Colle ici sa photo

Pourquoi a-t-on choisi cette mascotte ?

PASSION CHEVAL !

PASSION CHEVAL !

MON PREMIER STAGE

Colle ici
une photo prise
au cours du stage

Lieu : ....

Météo du jour : ....

....

Nom du cheval que j'ai monté :

....

MES ACTIVITÉS

Ce que j'ai fait :

Ce que j'ai aimé :

Ce qui m'a moins plu :

Pourquoi ?

MES RENCONTRES

Colle une photo ici
de ce stage

Nom des moniteurs :

Nom de mes amis :

MES COLONIES D'ÉQUITATION

Date : ....

Lieu : ....

Nom de mon cheval ou de mon poney :

....

Nom des moniteurs :

- ....
- ....
- ....
- ....
- ....

LES ANIMATIONS

Les activités à cheval :

Les autres animations :

Mes meilleurs moments :

Mes grosses frayeurs :

DÉCOUVERTES ET RENCONTRES

Mes nouveaux apprentissages équestres :

Les autres découvertes :

Mes rencontres amicales :

LES VEILLÉES

Les animations du soir :

J'ai adoré...

Colle ici
un souvenir
de veillée

J'ai moins aimé

Pourquoi ?

SORTIES ET CINÉMA

As-tu vu ces films ?

- ❍ *L'Étalon noir*, de Robert Dalua (1979).
- ❍ *L'Homme qui murmurait à l'oreille des chevaux*, de Robert Redford (1998).
- ❍ *Crin Blanc*, d'Albert Lamorisse (version 2007).

Le blog de Sophie

Connais-tu :

- le Cirque national Alexis Grüss ?
- le Théâtre équestre Zingaro ?
- le spectacle de l'Académie équestre de Versailles ?

Mes spectacles équestres préférés :

Mes films préférés sur les chevaux :

LE CHEVAL À LA TÉLÉ

Mes séries préférées sur les chevaux :

L'épisode qui m'a fait pleurer :

Celui qui m'a fait rire :

Celui qui m'a fait rêver :

Mon émission préférée :

Nom :

Chaîne :

Présentée par :

MES LECTURES SUR LE THÈME DU CHEVAL

Mon roman préféré :

Mon encyclopédie préférée :

Ma bande dessinée préférée :

Mon magazine de cheval préféré :

À lire avec passion !

- *Mes amis les chevaux*, Sophie Thalmann, Hachette Jeunesse.
- *Au Galop ! avec Sophie Thalmann*, Tout savoir sur le cheval, Hachette Jeunesse.
- *L'Étalon noir*, de Walter Farley, Le Livre de Poche Jeunesse.

MES CHANSONS SUR LES CHEVAUX

Ma chanson préférée est...

J'aime aussi...

À chanter dans les veillées !

La jument de Michao

C'est dans dix ans, je m'en irai
J'entends le loup et le renard chanter
(2 fois)
J'entends le loup, le renard et la belette
J'entends le loup et le renard chanter
(2 fois)
C'est dans neuf ans, je m'en irai
La jument de Michao a passé dans le pré
Refrain
La jument de Michao et son petit poulain
A passé dans le pré et mangé tout le foin
(2 fois)
L'hiver viendra les gars, l'hiver viendra
La jument de Michao, elle s'en repentira
(2 fois)
C'est dans huit ans...
C'est dans sept ans...

MES POÉSIES SUR LES CHEVAUX

Mon poème préféré est...

....

....

Le bloc de Sophie

Le petit cheval

Le petit cheval dans le mauvais temps,
qu'il avait donc du courage !
C'était un petit cheval blanc,
Tous derrière et lui devant.

Refrain d'un poème de Paul Fort mis en musique par Georges Brassens.

Je connais aussi :

❍ Titre : ....

Auteur : ....

❍ Titre : ....

Auteur : ....

❍ Titre : ....

Auteur : ....

MES CHEVAUX CÉLÈBRES PRÉFÉRÉS

Mon cheval préféré
dans l'Histoire :

Mon cheval de légende :

Le champion que je préfère :

Il est monté par...

Le blog de Sophie

Jappeloup

Ce champion de CSO, (concours de saut d'obstacles) monté par Pierre Durand, était d'une grande beauté et d'un incroyable talent.

SUR LE NET

Mes sites préférés :

Mes forums d'équitation préférés :

MES GALOPS !

CARNET DE REPRISES

date	cheval	activités	mes impressions

CARNET DE REPRISES

date	cheval	activités	mes impressions

CARNET DE REPRISES

date	cheval	activités	mes impressions

CARNET DE REPRISES

date	cheval	activités	mes impressions

CARNET DE REPRISES

date	cheval	activités	mes impressions

CARNET DE REPRISES

date	cheval	activités	mes impressions

CARNET DE REPRISES

date	cheval	activités	mes impressions

CARNET DE REPRISES

date	cheval	activités	mes impressions

CARNET DE REPRISES

date	cheval	activités	mes impressions

CARNET DE REPRISES

date	cheval	activités	mes impressions

CARNET DE REPRISES

date	cheval	activités	mes impressions

CARNET DE REPRISES

date	cheval	activités	mes impressions

CARNET DE REPRISES

date	cheval	activités	mes impressions

GALOP 1

Date de l'épreuve : ....

Cheval : .... Note globale : ....

ÉQUITATION	résultat	commentaires
Marcher au pas.		
Diriger et s'arrêter au pas.		
Trotter enlevé en rythme sur un tracé simple.		
S'arrêter.		
Galoper quelques foulées.		

SOINS	résultat	commentaires
Aborder, mettre un licol, attacher.		
Effectuer un pansage élémentaire.		
Amener sa monture en filet en main sur le terrain.		
Débrider, desseller.		

CONNAISSANCES	résultat	commentaires
Dénommer les parties principales de l'extérieur de la monture.		
Dénommer les trois robes de base.		
Posséder les règles élémentaires de sécurité.		
Connaître le matériel de pansage.		
Nommer les parties du licol		

GALOP 2

Date de l'épreuve : ....

Cheval : .... Note globale : ....

ÉQUITATION	résultat	commentaires
Se déplacer aux trois allures (pas, trot, galop).		
Changer d'allure à volonté.		
Diriger au pas et au trot sur un tracé défini incluant : cercle, volte, diagonale et doubler.		
Maintenir le galop.		
Sauter des cavaletti isolés.		

SOINS	résultat	commentaires
Effectuer un pansage complet.		
Brider et seller.		
Reconnaître et distribuer les aliments		
Entretenir les harnachements.		

CONNAISSANCES	résultat	commentaires
Dénommer les parties du filet et de la selle.		
Connaître les particularités des robes (marques de tête et des membres).		
Caractériser les différents types de logements des chevaux : pré, box, stabulation...		

GALOP 3

Date de l'épreuve : .... Cheval : .... Note globale : ....

ÉQUITATION	résultat	commentaires
Au pas et au trot Partir et revenir en un point précis ; évoluer seul.		
Au trot Stabiliser son équilibre sur les étriers ; trotter enlevé sur le diagonal désiré ; conduire sur des courbes serrées.		
Au galop Partir en un point précis et sur le bon pied ; rechercher son équilibre assis ; évoluer seul.		
Sur des sauts isolés Rechercher son équilibre sur les étriers ; contrôler son allure ; la conduire à l'abord des sauts.		

SOINS	résultat	commentaires
Entretenir une litière et le lieu d'abreuvement.		
Ajuster le harnachement.		
Démonter, remonter et entretenir un filet		

CONNAISSANCES	résultat	commentaires
Connaître le trot enlevé.		
Expliquer le rôle de la ferrure et de l'entretien des pieds.		
Décrire la tête et les membres.		
Avoir acquis des notions sur les allures et les aides du tourner.		

GALOP 4

Date de l'épreuve : .... Cheval : .... Note globale : ....

ÉQUITATION	résultat	commentaires
Au pas Contrôler sa vitesse ; déplacer les hanches ; inverser et enchaîner des courbes serrées.		
Au trot Rechercher son équilibre assis, puis au trot enlevé lors des changements de vitesse et de direction ; contrôler la vitesse ; enchaîner des courbes larges.		
Au galop Stabiliser son équilibre sur les étriers ; galoper assis en rythme ; partir du pas sur le bon pied ; contrôler la vitesse ; conduire sur des courbes larges.		
À l'enchaînement de sauts et sur terrain varié Trouver son équilibre sur les étriers ; contrôler son allure et la conduire. Enchaîner un parcours de 8 à 10 obstacles isolés à environ 60 cm.		

SOINS	résultat	commentaires
Poser des protections de travail (guêtres, bandes de polo...).		
Poser des protections de transport.		
Inspecter les membres et faire des soins élémentaires avant et après le travail.		

CONNAISSANCES	résultat	commentaires
Connaître l'alimentation et les soins.		
Posséder les règles de sécurité.		
Connaître l'accord des aides et les mécanismes des galops.		

GALOP 5

Date de l'épreuve :

Cheval : Note globale :

ÉQUITATION	résultat	commentaires
Dressage Rechercher son équilibre assis lors des changements d'allure ; varier l'amplitude du pas ; prendre le galop du pas et du trot en un point précis ; diriger avec précision sur des serpentines et des cercles ; déplacer sa monture latéralement, au pas.		
Saut d'obstacles Rechercher son équilibre sur les étriers lors de sauts rapprochés en ligne droite ; maintenir une vitesse régulière ; changer d'allure, en enchaînant les sauts.		
Cross Stabiliser son équilibre, au trot enlevé, en terrain varié ; maintenir une vitesse régulière ; sauter de petits obstacles d'extérieur.		

SOINS	résultat	commentaires
Poser des bandes de repos, les enlever et les rouler.		
Poser et enlever des crampons.		

CONNAISSANCES	résultat	commentaires
Connaître les généralités sur le squelette et les muscles.		

GALOP 6

Date de l'épreuve : ………… Cheval : ………… Note globale : …………

ÉQUITATION	résultat	commentaires
Au pas Stabiliser son équilibre assis aux trois allures, ainsi qu'au trot enlevé et lors de transitions dans l'allure ; maintenir la cadence du galop ; s'arrêter à partir du trot ; reculer de quelques pas ; contrôler la rectitude de sa monture, au trot, en ligne droite ; déplacer sa monture latéralement au trot.		
Saut d'obstacles Maintenir une cadence, au galop, en enchaînant des sauts ; conduire, au galop, en enchaînant des sauts rapprochés.		
Cross Rechercher son équilibre, sur les étriers, lors de sauts en terrain varié ; maintenir une vitesse régulière, en enchaînant des sauts en terrain varié.		
Travail à pied Longer un cheval ou un poney enrêné, détendu, au pas et au trot, aux deux mains.		

SOINS	résultat	commentaires
Présenter un cheval ou un poney en main. Prodiguer les soins après le travail.		

CONNAISSANCES	résultat	commentaires
Connaître les allures (mécanismes, transitions...) et les boiteries.		
Maîtriser les critères d'appréciation de l'état du pied et de la ferrure, l'anatomie et le rôle du pied, les tendons.		
Évaluer l'état corporel d'un cheval (embonpoint, maigreur).		

MES COMPÉTITIONS

LE CSO (CONCOURS DE SAUT D'OBSTACLES)

date et lieu	cheval	type et hauteur des obstacles	résultat

LE CSO (CONCOURS DE SAUT D'OBSTACLES)

date et lieu	cheval	type et hauteur des obstacles	résultat

MES COMPÉTITIONS DE DRESSAGE

date et lieu	cheval	figures	résultat

MES COMPÉTITIONS DE CROSS

date et lieu	cheval	type et hauteur des obstacles	résultat

Crédits photographiques :

Les photographies sont créditées de haut en bas et de gauche à droite.

Photographies de couverture :
plat 1 : ©nilapictures - Fotolia.com ; plat 4 : ©saras66 - Fotolia.com, ©girodjl - Fotolia.com.
Photographie de Sophie Thalmann : J.Rodrigues pour Equestrio.

Photographies des pages intérieures :
p.1, 13, 38 : ©nilapictures - Fotolia.com ; p.3 : ©Happy monkey - Fotolia.com ; p.5, 9, 14 : ©cynoclub - Fotolia.com ; p.7, 44 : ©aarstudio - Fotolia.com ; p.10, 36, 39, 53, 55 : ©Kseniya Abramova - Fotolia.com ; p.11 : ©Kathrin39 - Fotolia.com ; p.12 : ©Cornelia Pretzsch - Fotolia.com ; p.15 : ©Gorilla - Fotolia.com, ©Claude Calcagno - Fotolia.com, ©Martina Berg - Fotolia.com ; p.17 : ©Christophe Fouquin - Fotolia.com ; p.19 : ©Joël Saget/Anim'15 Productions ; p.21, 37, 48 : ©Zuzule - Fotolia.com ; p.22 : ©muro - Fotolia.com ; p.24 : ©agno_agnus - Fotolia.com ; p.26 : ©girodjl - Fotolia.com ; p.28 : ©mariesacha - Fotolia.com ; p.29, 43 : ©saras66 - Fotolia.com ;
p.31 : ©Picture Partners - Fotolia.com ; p.35 : ©Beatrix Kido - Fotolia.com ; p.40 : ©fotolicious2904 - Fotolia.com ; p.42 : Viktoria Makarova - Fotolia.com ; p.46 : ©Eric Isselée - Fotolia.com ; p.51 : ©Rémy MASSEGLIA - Fotolia.com ; p.56 : ©valpictures - Fotolia.com.

Photographies des intercalaires :
Super cavalière : ©cynoclub - Fotolia.com, ©Happy monkey - Fotolia.com, ©cynoclub - Fotolia.com, ©saras66 - Fotolia.com, ©aarstudio - Fotolia.com, ©Kathrin39 - Fotolia.com.
En selle ! : ©cynoclub - Fotolia.com, ©Christophe Fouquin - Fotolia.com, ©Claude Calcagno - Fotolia.com, ©girodjl - Fotolia.com, ©Gorilla - Fotolia.com, ©Martina Berg - Fotolia.com.
Au club ! : ©Zuzule - Fotolia.com, ©saras66 - Fotolia.com, ©Kseniya Abramova - Fotolia.com, ©fotolicious2904 - Fotolia.com, ©Beatrix Kido - Fotolia.com, ©Picture Partners - Fotolia.com.
Passion cheval : ©Kseniya Abramova - Fotolia.com, ©Eric Isselée - Fotolia.com, ©valpictures - Fotolia.com, ©Zuzule - Fotolia.com, ©Rémy MASSEGLIA - Fotolia.com, ©Otmar Smit - Fotolia.com.
Mes galops ! : ©Zuzule - Fotolia.com, ©Christoph Hähnel - Fotolia.com, ©agno_agnus - Fotolia.com, ©Viktoria Makarova - Fotolia.com, ©Cornelia Pretzsch - Fotolia.com, ©foxytoul - Fotolia.com.

Illustrations : p. 6, 41: Emmanuelle Etienne.

Stickers : ©saras66 - Fotolia.com, ©Isabelle Mandrou, ©Kseniya Abramova - Fotolia.com, ©Kseniya Abramova - Fotolia.com, ©PAO joke - Fotolia.com, ©JAG IMAGES - Fotolia.com, ©Élisabeth Arthur, ©Alexia Kgruscheva- Fotolia.com, ©Farah-Diba - Fotolia.com, ©Alexis Pierret - Fotolia.com, ©Isabelle Mandrou.
Maquette : Élodie Marty

Loi n° 49-956 du 16 juillet 1949 sur les publications destinées à la jeunesse.
Dépôt légal : septembre 2016. Édition 01
Achevé d'imprimé par HHOP en Chine en septembre 2016.

Ma monture !